Animales blancos

Teddy Borth

abdopublishing.com

Published by Abdo Kids, a division of ABDO, PO Box 398166, Minneapolis, Minnesota 55439.

Printed in the United States of America, North Mankato, Minnesota.

052016

092016

Spanish Translator: Maria Puchol, Pablo Viedma

Photo Credits: iStock, Seapics.com, Shutterstock

Production Contributors: Teddy Borth, Jennie Forsberg, Grace Hansen

Design Contributors: Laura Rask, Dorothy Toth

Publishers Cataloging-in-Publication Data

Names: Borth, Teddy, author.

Title: Animales blancos / by Teddy Borth.

Other titles: White animals. Spanish

Description: Minneapolis, MN : Abdo Kids, [2017] | Series: Animales de colores | Includes bibliographical references and index.

Identifiers: LCCN 2016934820 | ISBN 9781680807288 (lib. bdg.) | ISBN 9781680808308 (ebook)

Subjects: LCSH: Animals--Juvenile literature. | Spanish language materials--Juvenile literature.

Classification: DDC 590--dc23

LC record available at http://lccn.loc.gov/2016934820

Contenido

El blanco

Los colores empiezan con el blanco. Se añade tinta y pintura para hacer otros colores. Si se mezcla un color con blanco se aclara.

La mezcla de los colores

Colores primarios

- **Rojo**
- **Amarillo**
- **Azul**

Colores secundarios

- **Naranja**
- **Verde**
- **Morado**

El blanco en la tierra

Los osos polares tienen muy buen olfato. ¡Pueden oler una foca que está a 3 pies (1 m) bajo nieve o a 1 milla (1.6 km) de distancia!

Los lobos polares tienen el pelo blanco. Viven muy al norte. Pueden vivir a una temperatura de -60°F (-51°C).

Los armiños son blancos en invierno. Cuanto más al norte viven, más blancos se ponen.

El pollo Silkie es blanco y peludo. Sus plumas parecen de seda. No puede volar.

El blanco en el aire

El búho nival macho es en su mayoría blanco. Las hembras tienen más marcas negras.

Las palomas son famosas por sus lindas plumas blancas. Son el símbolo de la **paz**.

El blanco en el agua

Las belugas son blancas. Esto las ayuda a camuflarse en los casquetes polares. Se ocultan de los osos polares.

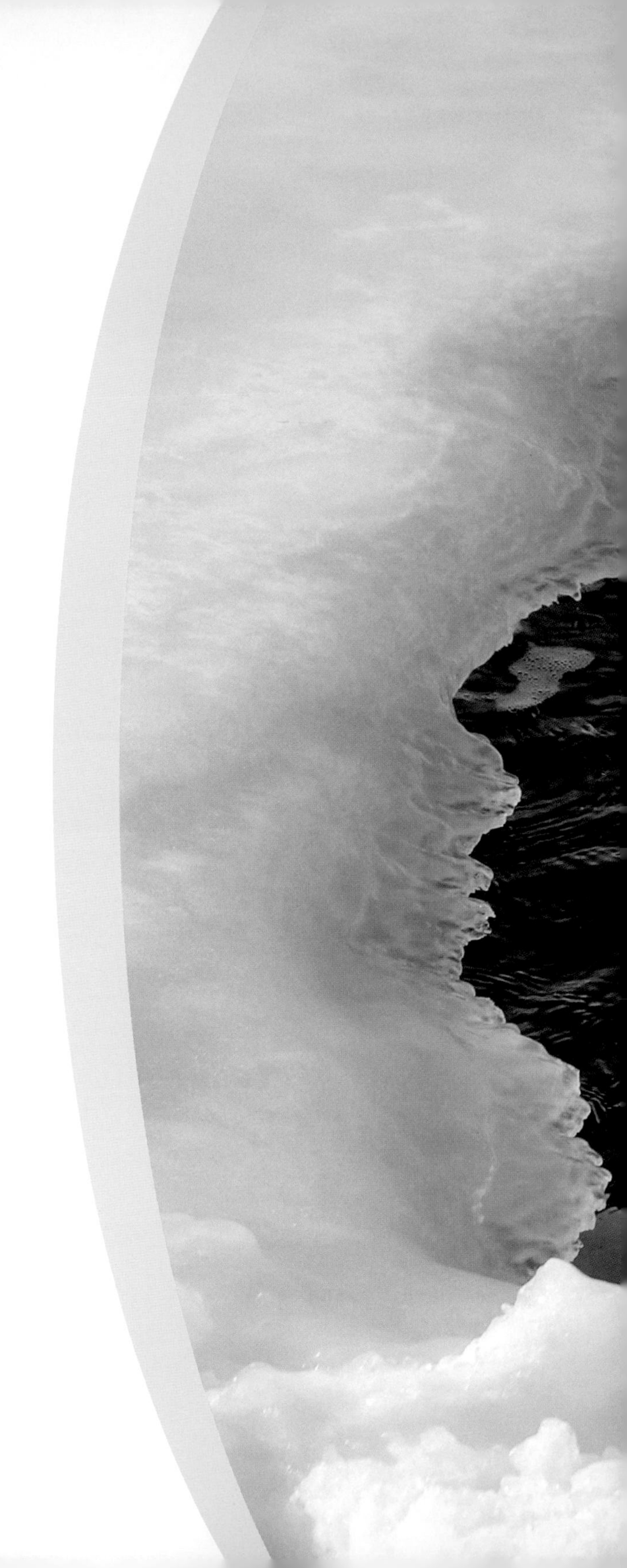

Existen criaderos de peces beta de diferentes colores. El color blanco es muy popular. Los peces beta generalmente son de color café en la naturaleza.

Más datos

- Algunos animales pueden nacer completamente blancos. Se les conoce como **albinos**. Los albinos son poco comunes.

- Muchos animales blancos viven donde hay mucha nieve. Esto les permite camuflarse fácilmente. Los armiños viven donde no hay nieve en el verano. Cambian de blanco a color café después del invierno. ¡Así se pueden esconder en la tierra!

- El blanco es el color de la luz, la limpieza y los comienzos.

Glosario

albino – persona o animal sin color en su pelo, piel o plumas. Estas personas o animales son completamente blancos.

color primario – color que no se obtiene de mezclar otros colores.

color secundario – color que resulta de la mezcla de dos colores primarios.

paz – período sin luchas.

Índice

abdokids.com

¡Usa este código para entrar en abdokids.com y tener acceso a juegos, arte, videos y mucho más!